ALLOCUTION

PRONONCÉE

A l'occasion du Mariage de

M. JOSEPH CHAUFFARD

ET DE

Mlle THÉRÈSE ÉMÉRIC

Le 7 février 1880, en l'église Saint-Pierre-Saint-Paul, à Marseille

PAR

M. le Chanoine Ant. RICARD

Professeur de Dogme, à la Faculté de Théologie, d'Aix

MARSEILLE

IMPRIMERIE ET LITHOGRAPHIE JOSEPH CHAUFFARD

20, RUE DES FEUILLANTS, 20

—

1880

ALLOCUTION

PRONONCÉE

A l'occasion du Mariage de

M. JOSEPH CHAUFFARD

ET DE

Mlle THÉRÈSE ÉMÉRIC

Le 7 février 1880, en l'église Saint-Pierre-Saint-Paul, à Marseille

PAR

M. LE CHANOINE ANT. RICARD

Professeur de Dogme, à la Faculté de Théologie, d'Aix

MARSEILLE

IMPRIMERIE ET LITHOGRAPHIE JOSEPH CHAUFFARD

20, RUE DES FEUILLANTS, 20

—

1880

ALLOCUTION

PRONONCÉE

à l'occasion du Mariage de

M. JOSEPH CHAUFFARD

ET DE

Mlle THÉRÈSE ÉMÉRIC

———

C'est un devoir pour le prêtre de rappeler aux époux, quand ils vont contracter leur union, la sainteté du Sacrement de Mariage et les devoirs qu'il impose à ceux qui le reçoivent.

Jamais peut-être, dans aucun temps, il ne fut plus nécessaire d'insister sur ces choses, puisqu'elles sont devenues l'objet d'une négation audacieuse et qu'elles sont même menacées jusque dans le sanctuaire de nos lois.

Que le mariage soit un contrat essentiellement religieux, élevé, depuis Jésus-Christ, à la dignité de Sacrement, conclu sous le regard même de Dieu, qui unit, en pareil cas, ce que l'homme n'a plus le droit de désunir, voilà notre foi, voilà la croyance de l'Église, qui, dès lors, est en droit de tirer ces conséquences morales de la fidélité, de l'amour mutuel, de l'assistance, que se doivent les époux.

Mais, indiquer ces vérités suffit, quand on s'adresse à des chrétiens tels que vous ! Avant de demander à l'Église de bénir vos serments, vous en avez mesuré la valeur et avant de vous présenter au Sacrement, vous en avez compris la sainteté.

J'aime mieux vous féliciter tout de suite de la grande joie que vous donnez à l'Église, en lui procurant l'occasion, hélas! trop rare, de bénir une union vraiment chrétienne! Et, puisque vous avez voulu que le ministère du prêtre se doublât aujourd'hui du ministère de l'ami, je vous remercierai doublement de la consolation donnée à la Sainte Église par votre pieux mariage.

D'ailleurs, j'en fus le témoin, et je rappelle avec bonheur ces souvenirs, ce n'est là qu'une tradition dans votre famille et, c'est dans vos coutumes de perpétuer les mœurs chrétiennes, dont vos dignes parents vous ont laissé l'héritage d'impérissable honneur.

Entrez donc, Mademoiselle, avec une joyeuse confiance dans cette famille, où la foi est héréditaire et prenez, avec une sainte fierté, la suite de celle qui nous était ravie, il y a peu de jours, et qui, si elle ne peut, à cette heure, vous accueillir de son maternel sourire, vous bénit, avant de nous quitter, et fut heureuse de savoir qu'entre vos mains sa ligne rigoureusement chrétienne serait fermement maintenue.

Pour vous, mon cher ami, vous savez bien ce que l'amitié forme en ce moment de vœux pour votre bonheur. Vous vous donnez, dans la compagne de votre choix,

un aide digne de vous. Dieu vous bénira.
Nous allons le lui demander, avec les amis,
heureux de votre joie, qui vous entourent
en ce moment et avec ceux qui, du ciel,
vous regardent et vous couvrent de leur
bénédiction.

78